DIE OFFENEN

Musikalische Frühförderung in Hürth

Marianne Quast

Dr.-Ing.-Hans-Joachim-Lenz-Stiftung

ISBN 978-3-938088-46-3
1. Auflage September 2016

Bibliographische Information der Deutschen Bibliothek:
Die Deutsche Bibliothek verzeichnet die Publikation in der Deutschen Nationalbibliothek; detaillierte Daten sind im Internet über http://dnb.ddb.de abrufbar.

Umschlag: Andreas Willisch
Buchblock: Hans-Jürgen Wiehr

Druck und Vertrieb: Books on Demand GmbH, Norderstedt
Printed in Germany

Inhalt

Vorwort der Stiftung

Stimme wird zur Sprache
Sprache wird zum Gesang
Gesang wird zur Musik.

Stimme — haben viele Geschöpfe
vom Schnattern zum Zwitschern
vom Grunzen zum Brüllen
vom Mienzen zum Bellen

Sprache — hat allein der Mensch
auf Kontinenten und Ländern
auf Griechisch und Latein
in Mundart und Dialekten

Gesang — ist allen Frohnaturen
dem Zecher und dem Wanderer
den ganz Jungen und ganz Alten
dem Sucher und dem Finder

Musik — aber ist den Göttern
Musik — hebt uns in himmlische Sphären
Musik — den Kleinen für einen himmlischen Weg
durch die Welt.

Hans-Joachim Lenz
Stifter und Vorstand

Dr.-Ing.-Hans-Joachim-Lenz-Stiftung
Stiftung zur Erneuerung geistiger Werte

Danksagung des Kindergartens

Unser FRÖBEL-Kindergarten Flinke Forscher in Hürth bietet liebevolle und kompetente Bildung, Erziehung und Betreuung für 102 Kinder im Alter von 4 Monaten bis zum Schuleintritt. Unsere Ausrichtung ist geprägt durch Offenheit, Partizipation und Individualisierung. Unsere Erzieher gehen auf die Bedürfnisse und Interessen der Kinder ein, indem sie diese im pädagogischen Alltag aufgreifen. Eine anregend gestaltete Umgebung mit vielfältigen Materialien fördert die Bildungs- und Entwicklungsprozesse der Kinder.

Das Ziel ist es, allen Kindern die gleichen Chancen einer guten Bildung, Erziehung und Betreuung zu ermöglichen. Damit sich Kinder und Familien in unserer Einrichtung wohlfühlen und optimale Bedingungen vorfinden, achten wir auf die Qualität in allen Arbeitsbereichen.

Somit passt auch die musikalische Frühförderung natürlicherweise in unser Konzept. Mit Frau Quast haben wir dafür eine kompetente und engagierte Musikpädagogin gefunden. Allerdings ist diese besondere Früherziehung nur über die Elternbeiträge in unserem Förderverein finanzierbar. Hier liegen leider oftmals Schwankungen vor, denn nicht alle Eltern können sich zusätzliche Kosten leisten. Somit hätten im Jahr 2015 keine musikalischen Einheiten realisiert werden können.

Daher sind wir sehr dankbar und froh, dass durch die Stiftungsgelder für ALLE Kinder das ganze Jahr lang regelmäßig Musik stattgefunden hat. Die Kreativität und positiven Ergebnisse sind in unserer Einrichtung sehr spürbar.

Im Namen aller Kinder, Erzieher und Eltern einen herzlichen Dank!

Michael Borchert
Leiter des Fröbel Kindergartens „Flinke Forscher", Hürth bei Köln

Worte der Projektleiterin

Die Möglichkeit zu erhalten, ein ganzes Jahr Kinder in ihrer Entwicklung musikalisch zu unterstützen, ist ein besonders wertvolles Geschenk. Zu erleben, wie sensibel Kinder auf Musik reagieren, wie unterschiedlich sie entsprechend ihrer Möglichkeiten darauf eingehen und was im Laufe der Monate daraus entsteht, wird in dieser Dokumentation beschrieben.

Jeder Tag ist eine Überraschung, denn man weiß nie, wie die Kinder auf das Angebot ansprechen und wie sich die Stunde gestalten wird. Das Schöne ist, dass man gerade mit Musik spontan auf die aktuellen Stimmungen eingehen kann, um jedes Kind in seiner Befindlichkeit zu erreichen. Der Spielrahmen ist breit gefächert, damit sich die Kinder frei bewegen und ausdrücken können. Dies wird durch Lieder, Bewegungen, musikalische Geschichten und Spiele sanft aufgenommen und unterstützt. Ziel ist eine Harmonisierung, die bei den Kindern zu mehr innerer Sicherheit sowie zu einem wachsenden Schatz von Ausdrucksmöglichkeiten führt.

Im Laufe des Jahres gab es im Kindergarten „Flinke Forscher“ einige Veränderungen. Da die Leiterin Jessica Wilker wegen Schwangerschaft ihre Aufgabe nicht weiterführen konnte, wurde kurz vor den Sommerferien Michael Borchert als neuer Leiter gefunden, der genauso begeistert von der musikalischen Frühförderung ist und mit dem sich die Zusammenarbeit schnell positiv eingespielt hat. Zudem scheiden während der Sommerzeit die Vorschulkinder aus dem Kindergarten aus und neue Kleine werden eingewöhnt. Diese sensible Phase wird, nach Absprache mit den Erziehern, auch in den Musikeinheiten entsprechend durchgeführt. Die Neuankömmlinge können sich dadurch im Kindergarten schnell einleben und werden mit den anderen Kindern vertraut. Insgesamt wechselten 29 Kinder in die Schule und genauso viele traten in die Eingewöhnungsphase ein. Die musikalische Frühförderung stellt im ganzen Jahr eine feste Größe im Kindergartenalltag dar, der auf die Kinder positiv wirkt und auf den sie sich schon im Vorhinein freuen.

Die Erzieher zeigen sich sehr offen und dankbar für neue Anregungen. Im sogenannten „Nestbereich“, in dem die Allerkleinsten unter zweieinhalb Jahren betreut werden, sind bei der musikalischen Frühförderung auch immer Erzieherinnen dabei, die sogar einige Lieder in ihren Tagesablauf mit den Kindern übernommen haben.

Die musikalische Frühförderung liegt mir sehr am Herzen. Ich bin dankbar, dass sie durch die Zuwendung der Dr.-Ing.-Hans-Joachim-Lenz-Stiftung finanziert und weitergeführt werden kann. Kindern zu helfen, klare Ausdrucksformen in Sprache, Körpersprache und Rhythmus früh zu verinnerlichen und im alltäglichen Umgang zu stabilisieren, ist so wichtig für deren Zukunft und die Entwicklung von mehr Empathie im täglichen Leben.

Mein Dank gilt besonders Dr.-Ing. Hans-Joachim Lenz, Dr. Gabriela Wolf, Angelika Humann und allen, die am Gelingen dieses Werkes mitgewirkt haben.

Marianne Quast, Musikpädagogin

1 Idee und Konzept

Schwerpunkt der musikalischen Frühförderung und Früherziehung ist die Unterstützung der Intelligenz und des emotionalen Ausdrucks durch den kreativen Einsatz verschiedener musikalischer Elemente. Auf diese Weise soll die besondere Begabung jedes einzelnen Kindes herausgefunden und gefördert werden. Denn jedes Kind ist begabt. Und: Jedes Kind ist anders. Spielerisch wird in den Fördergruppen der individuelle Entwicklungsstand erfasst und das schöpferische Verhalten und die Sozialkompetenzen der Kinder mit Hilfe der breiten musikalischen Möglichkeiten angeregt. Dies ist letztendlich ein ganzheitlicher Prozess, welcher darüber hinaus auch Sprachentwicklung, Sensibilisierung des Gehörs und Raum- und Körpergefühl einbezieht. Die Kinder werden an das Singen, an Instrumente und auch an die verschiedenen Formen von Musik herangeführt. Wichtig ist, dass es jedem Kind Spaß macht, es sich in seinem „So-Sein" willkommen fühlt, die Beschäftigung mit der Musik seine Lebensfreude fördert und dass weder Leistungsdruck noch Bewertung mitschwingen.

Carl Orff (1895–1982) zählt zu den Ersten, die die Bedeutung der Musik für die Entwicklung der Kinder erkannt und musikpädagogische Konzepte entwickelt haben. Im Orff-Schulwerk wird fantasievoll mit den Elementen Musik, Sprache und Bewegung in der Früherziehung umgegangen.[1] Auch der japanische Keyboardhersteller und Konzerngründer Torakusu Yamaha (1851–1916) schuf Ende der 1970er Jahre gemeinsam mit Ärzten, Pädagogen, Musikern und Erziehungswissenschaftlern ein Programm der musikalischen Frühförderung speziell für Kindergartenkinder.[2] Damals standen allerdings eher die elektronischen Tasteninstrumente der Firma im Vordergrund, aber Nachfolgeangebote nahmen dann wieder die Orffschen Klanginstrumente auf. Heute ist die musikalische Frühförderung ein spezieller Teil der Elementar- und Sozialpädagogik und wird an Fachschulen und Universitäten gelehrt.

In ihrem Buch *Musik macht klug*[3] beschreibt und belegt die Musikpädagogin Dorothée Kreusch-Jacob, dass Kinder, die früh mit Musik in Kontakt kommen, oft Musik hören oder ein Instrument spielen, eine höhere Intelligenz und mehr Kreativität im Denken entwickeln als andere. Sie sind zudem ausgeglichener und kommunikativer und verhalten sich sozialer. Gehirnforscher haben beobachtet, dass Kinder, die im Vorschulalter Klänge unterscheiden lernen, auch früher und leichter lesen lernen.

Freude und Interesse an der Musik wecken und vertiefen
Kinder lieben Musik. Ihre Freude und Lust am Musizieren soll geweckt und vertieft werden, denn was Kinder mit Freude tun, verinnerlichen sie langfristig. In den musikalischen Einheiten mit den Kindern geht es vornehmlich um Spiel und Spaß als Möglichkeit des emotionalen Ausdrucks und nicht um Leistung.

Wahrnehmung fördern und stärken

Wahrnehmen ist ein aktiver Prozess, bei dem das Kind sich an einem Geschehen beteiligt. Es beobachtet, es hört akustische Ereignisse, es differenziert und ordnet zu. Im Singen, Musizieren und Bewegen werden Signale an die Sinne, die Seele und den Geist des Kindes gesendet. Diese Impulse werden zur Grundlage wichtiger Lernvorgänge. Jedes Kind wird ermutigt, aktiv an den Musikeinheiten teilzunehmen, und lernt intensiver wahrzunehmen und kann somit Erlebtes sicherer wiedergeben. Die Stärkung der mentalen Konzentration und Auffassungsgabe fördert die Beobachtung der musikalischen Ausdrucksformen. Die Kinder gewinnen zunehmend an melodischer und rhythmischer Sicherheit. Durch Wiederholen von Liedern, Rhythmen und anderen musikalischen Aktivitäten entwickeln sie ein enormes musikalisches Gedächtnis, so dass sie musikalische Strukturen sehr differenziert wahrnehmen können. Viele Anregungen und Anreize können die Kinder in den musikalischen Angeboten finden, um mit der Musik in einen aktiven Dialog zu treten. Die wöchentliche Wiederholung hilft und fördert die Aufnahmefähigkeiten zusätzlich.

Von Musik bewegt werden

Jede Art von Bewegung ist für die Persönlichkeitsentwicklung des Menschen eine Grundvoraussetzung und stellt damit ein Grundbedürfnis dar. Diesem Grundbedürfnis wird in unserer musisch-rhythmischen Kinderförderung in vollem Maße entsprochen. In jeder Stunde sind die Kinder in Bewegung: im Spiel, beim Tanz, beim Rollenspiel. Bewegung in Wechselwirkung mit Musik erleben heißt, den eigenen Körperrhythmus mit den rhythmischen Impulsen der Musik zu vereinen. Bewegung dient neben der Förderung der sozialen, emotionalen und motorischen Entwicklung der Kinder vor allem auch der rhythmischen Förderung und Schulung.

Freude am Singen und Sprechen und an der Stimmentfaltung
Die Stimme und die Vielfalt ihrer Ausdrucksmöglichkeiten ist ein stets verfügbares Instrument zum aktiven Musizieren. Singen und Sprechen sind bei der musikalischen Früherziehung Ausgangspunkt für viele Aktivitäten. Sie haben in der Gestaltung der Stunden einen zentralen Platz. Yehudi Menuhin (Geiger, 1916–1999) hob die wichtige Rolle des Singens hervor: *„Singen halte ich für ganz wesentlich – es ist der Ursprung aller Musik."*[4]

Lust am Musizieren
Das Kind kann seinen Körper als Musikinstrument erfahren, sich im Grundschlag wiegen oder damit Geräusche und Töne erzeugen und auf diese Weise seinen Gesang begleiten. Kinderinstrumente, wie beispielsweise eine Erbsenrassel, wurden in diesem Jahr selbst gebastelt. So können die Kinder hautnah erleben, wie Instrumente funktionieren.

Instrumente
Die „echten" Instrumente üben auf Kinder einen sehr starken Reiz aus. Bei der musikalischen Frühförderung finden sie Einsatz zur Lied-, Tanz- und Bewegungsbegleitung, zur musikalischen Kommunikation, bei der Gestaltung von Klanggeschichten, in der Experimentierphase und bei der Umsetzung musikalischer Parameter: langsam–schnell, laut–leise, hell–dunkel, lauter und leiser werden, schneller werden, Spiel und Pause.

Bewusstes Musik-Hören, Hörkonzentration entwickeln
Das Hören wird durch ein ausgewähltes Angebot an akustischen Eindrücken gefördert. Spezielle Aufgaben sollen das Gehör mehr und mehr sensibilisieren. Dazu zählen zunächst Geräusche und Tierstimmen, dann Klänge verschiedener Instrumente und Musikstücke, die zunehmend mit dem auditiven Sinn differenziert und katalogisiert werden.

Ausbildung des musikalischen Vorstellungsvermögens „Klang-Rhythmus-Melodie-Dynamik-Tempo"
Um Musik zu begreifen, müssen die Kinder alle musikalischen Parameter durch Singen, Musizieren und Bewegen selbst umsetzen dürfen. Veränderungen in beispielsweise Tempo, Dynamik oder Tonhöhe werden durch praktische Übungen und aktives Musizieren verdeutlicht. Das Kind findet im Tun seinen eigenen Weg zu den Merkmalen der Musik, ihrem Zusammenwirken und ihrer Veränderbarkeit.

In diesem Sinne werden alle musikalischen Einheiten durchgeführt. Die tagesabhängige Befindlichkeit der Kinder hat Vorrang und wird mit entsprechenden Liedern balanciert, bevor die jeweiligen thematischen Schwerpunkte umgesetzt werden (wie in Kapitel 3 beschrieben).

---

1 Vgl. Orff, Carl: *Schulwerk – Elementare Musik.*
2 Vgl. Mönig, Marc: *Die Pädagogik der Yamaha-Musikschulen. Darstellung, Hintergründe und Kritik.*
3 Vgl. Kreusch-Jacob, Dorothée: *Musik macht klug: Wie Kinder die Welt der Musik entdecken.*
4 Menuhin, Yehudi: *Kunst als Hoffnung für die Menschheit. Reden und Schriften,* S. 133.

Im werdenden Menschen muß gepflegt werden
Streben, Suchen nach Wahrheit,
Sinn für Schönheit, Finden des Schönen,
Liebe zur Natur,
Leben im Sein, in dem Einen, im Ewigen, in Gott.

(Friedrich Fröbel: *Kommt, lasst uns unsern Kindern leben!, Bd. I, S. 127)*

2 Aufbau der Musikstunden

Mit der Unterstützung der Dr.-Ing.-Hans-Joachim-Lenz-Stiftung konnte die musikalische Frühförderung wieder in den Tagesplan integriert werden. Nicht nur Eltern und Erzieher waren und sind davon sehr angetan. Vor allem die Kinder sind begeistert, dass wieder jede Woche musiziert wird, wie die folgenden Aussagen einiger Kinder zeigen (Um die Anonymität zu wahren, wurden die Namen der Kindern, Eltern und Erzieher verändert.):

Frieda (4 J.) „Musik ist gut. Das geht durch die Ohren und dann kitzelt das so, dass man überall wackeln will."

Benno (6 J.) „Zuerst fand ich es langweilig. Aber heute mag ich es, besonders das Tamburin und die Trommeln. Da bin ich am lautesten. Auch mit der Triangel – der ganz großen!"

Lisa (6 J.) „Die Katze kommt und wir singen dann zusammen. So wie die Katze machen wir Musik."

Mina (4 J.) „Am liebsten mag ich tanzen. So wie ein Schiffchen immer drehen. Das kann man alleine oder mit der Freundin singen."

Paul (5 J.) „Wenn es laut ist, ist das doof. Man kann nämlich auch leise rasseln. Geschichten spielen ist schön, da bin ich dann der Frosch. Der kann quaken – so ein richtiges Froschkonzert. Und Dirigent war ich auch schon!"

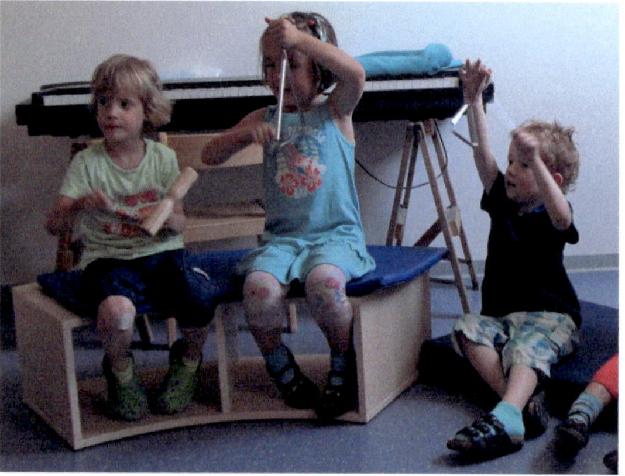

Die Kinder werden in drei Altersstufen unterrichtet: Die bis 3-Jährigen, die 4- bis 5-Jährigen und die Vorschulkinder. Um auch die Eltern einzubinden, wird einmal pro Monat eine Eltern-Kind-Aktion organisiert. Die Eltern lernen Lieder, Tänze und Spiele kennen, die ihre Kinder gelernt haben. Ein besonderes Erlebnis ist das Sommerfest am Ende des Kindergartenjahres.

Während die Kinder in den Sommermonaten mehr bewegungsorientierte und neuere Lieder mit den Instrumenten begleiten, stehen im zweiten Halbjahr 2016 die ruhigeren Themen der Herbst- und Adventszeit im Vordergrund. Schöne traditionelle Lieder, die viele Kinder nicht mehr kennen, werden in unterschiedlicher Weise musikalisch umgesetzt. Die unter 4-Jährigen haben große Freude an Finger- und Sprechspielen, die über Rhythmus und Einfachheit sehr eingängig sind. Die Kinder freuen sich, wenn sie die Wörter mitsprechen. Mit den über 4-Jährigen werden Bewegungen und kleine Tänze dazu eingeübt, wie „Blätter vom Baum fliegen" oder „Drachen steigen". Selbstverständlich kommen bei allen Altersgruppen verschiedene Rhythmusinstrumente zum Einsatz. Die Glöckchen und Schellen passen beispielsweise sehr gut in die Adventszeit.

Die Musikstunden finden zweimal in der Woche statt: montags und donnerstags. Am Montag kommen alle Kinder bis 4 Jahre, am Donnerstag alle Kinder ab 4 Jahre in jeweils gleich großen Gruppen. Montags finden zwei Einheiten von je 30 Minuten mit den bis 3-jährigen Kindern statt und darauf folgend drei Einheiten von je 45 Minuten mit den 3- und 4-jährigen Kindern. Hier steht die Klanggeschichte mit der kleinen Grille im Mittelpunkt. Donnerstags musizieren die 4- bis 6-Jährigen in vier Gruppen à 45 Minuten. Das Thema ist: Mit Vivaldi durch die Jahreszeiten. An beiden Tagen beginnt die erste Gruppe um 9.30 Uhr. Dann folgen die Gruppen der Reihe nach mit kleinen individuellen Pausen zwischen den Musikstunden, damit die neuen Kinder gesammelt werden können. Ende der Musikeinheiten ist gegen 13.00 Uhr.

Zehn bis zwölf Kinder sind in einer Gruppe. Jedes Kind ist einer Gruppe zugeordnet. Dies hat sich sehr gut eingespielt und die Kleinen gewinnen Sicherheit durch die festen Zeiten und die vertrauten Gesichter in der Gruppe. Ordnung ist ein wichtiger Grundpfeiler im Leben der Kinder. Sie brauchen klare Strukturen, um sich entspannt und offen neuen Inhalten öffnen zu können. Deshalb ist der Ablauf einer Musikstunde immer gleich. Zuerst wird die Gitarre geweckt und aus ihrer Hülle geholt. Nach dem Begrüßungslied kommen die Instrumente aus ihrer Kiste und jedes Kind kann sich der Reihe nach eines aussuchen. Eine der wichtigsten Regeln ist, sorgsam mit den Instrumenten umzugehen. Zwei bis drei bekannte Lieder werden zur Gitarre zusammen gesungen, die von den Kindern mit Klanginstrumenten begleitet werden. Danach wird ein neues Lied gelernt und eingeübt. Nachdem die Instrumente weggeräumt sind, wechseln wir zum inhaltlichen Teil, entweder die drei Schwerpunktthemen – Klang und Sprache, Vivaldi-Projekt, Klanggeschichte mit der kleinen Grille – oder Bewegungs- und Spielelieder. Mit dem Abschlusslied wird jede Musikeinheit beendet und die Gitarre wird von jedem Kind verabschiedet. Das A und O in der Elementarpädagogik sind viele Wiederholungen und kleine Abwandlungen des gleichen Liedes, was Raum gibt für Kreativität und Einfallsreichtum der Kinder. Eine Erzieherin meint hierzu: „Die Kinder fragen oft nach der Musikstunde. Sie ist etwas Besonderes im Kindergartenalltag. Die Kinder werden von Marianne abgeholt und gehen zum Musikraum. Wenn sie dann wiederkommen, sind sie meistens ausgeglichener und lachen. Ich finde es schön, wenn sie dann noch das letzte Lied weitersingen, während sie sich wieder ihrem Spiel zuwenden."

Genutzt werden die im Kindergarten vorhandenen Rhythmusinstrumente aus der Elementarpädagogik wie Rasseln in verschiedenen Größen und aus unterschiedlichen Materialien, große und kleine Klangstäbe (Claves), Schellenkränze, Schellenringe, Holzblock- und Handtrommeln, Triangeln in unterschiedlichen Größen, Glockenstäbe oder Guiros. Diese kommen je nach Alter und Lied abwechselnd zum Einsatz. Ich begleite die Lieder meistens mit der Gitarre.

Vor oder nach den Musikstunden kommt man manchmal mit Eltern ins Gespräch. Die Kommentare, Fragen und Beobachtungen zeigen, welche Begeisterung Kinder für Musik entwickeln. Hier einige Äußerungen der Eltern:

zu Jonas „Jonas singt zu Hause oft dieses Halli-Hallo-Lied vor sich hin. Können Sie mir das einmal kopieren? Ich würde es gerne auch können, es klingt nett. Manchmal nimmt er sich Buntstifte und trommelt dazu."

zu Maike „Meine Maike ist ja immer schüchtern und still. Sie erzählt kaum etwas vom Kindergarten oder was sie gemacht hat. Ich muss immer nachfragen und erfahre selten etwas. Aber wenn sie Musik hatte, das berichtet sie immer. Die Triangel hat es ihr ganz besonders angetan. Können Sie mir sagen, wo ich eine bestellen kann und was sich vielleicht sonst für sie eignet? Ich würde das gerne unterstützen."

zu Pia „Pia liebt Musik. Sie reagierte schon als Baby auf jede Art von Musik. Ich finde es toll, dass dieser Kindergarten die Frühförderung möglich macht. Pia genießt es mit anderen Kindern zusammen zu musizieren, das spielen die Mädchen zuhause auch oft."

zu Nina „Nina kommt ja bald in die Schule. Sie möchte auch Gitarre spielen, wie Sie. Und sie singt sehr viel zu Hause. Die Musik tut ihr gut und sie freut sich immer, wenn sie neue Lieder lernt. Macht es Sinn, ihr schon eine Gitarre zu besorgen, oder ist das zu früh?"

zu Martin „Unser Martin ist ein Wilder und oft ganz ungeduldig. Aber mit Musik kann ich ihn oft beruhigen. Er mag Ihre Rhythmusspiele und ich finde, er lernt auch, sich besser zu konzentrieren, mal langsam zu machen. Er ist gerne in der Musikgruppe. Auch von den Tierliedern ist er begeistert."

zu Lukas „Lukas hat neulich seine Stofftiere aufgebaut und ihnen Musik beigebracht. Er hat zum Geburtstag ein kleines Xylophon bekommen und singt dann mit seinen Tieren. Das fand ich so nett. Er hat sie in einen Kreis gesetzt und spielt dann Musikstunde wie im Kindergarten."

3 Die Projektarbeit

Um die Kinder in ihren altersgemäßen Bedürfnissen abzuholen, sind unterschiedliche Arbeitsweisen in den Kleingruppen nötig. So werden im Folgenden drei Projekte beschrieben, die im Mittelpunkt der musikalischen Umsetzung über das Jahr hinweg stehen.

3.1 Klang und Sprache

Mit den bis 3-jährigen Kindern im sogenannten Nestbereich des Kindergartens mit eigenen Räumen nutzt man ganz einfache Instrumente aus der Elementarpädagogik, die speziell für die Kleinkinder angeschafft wurden und ohne Gefahr auch in den Mund genommen werden können. Das sind vor allem kurze leichte Klanghölzer aus glattem Bambusholz, verschiedene Rasseln mit Griff, kleine Egg-Shaker (Rassel in Ei-Form), Glöckchen oder später auch kleine Triangeln.

Zu Beginn stehen die Klanghölzer im Mittelpunkt und es wird das Klangholzgedicht eingeübt. Dies ist mittlerweile auch bei den Erziehern des Kindergartens sehr beliebt. Selbst die Allerkleinsten, die meist erst knapp über ein Jahr alt sind, können es langsam begeistert mitverfolgen und feinmotorisch auch immer besser nachmachen. Ich spreche das Gedicht langsam und deutlich, so dass die Größeren schon bald mitsprechen und die verschiedenen Klopftechniken mit den Klanghölzern üben. Der Rhythmus und das melodische Versmaß helfen dabei. Als Ergänzung wird noch ein Klangholz-Lied dazu erfunden und als zweiter Teil eingebaut.

Umsetzung

In der Mitte steht ein Korb mit ausreichender Anzahl von Klanghölzern, sodass für jedes Kind ein Paar vorhanden ist. Auch sind die Erzieherinnen im Nestbereich immer mit anwesend und werden mit Instrumenten versorgt, da die Kleinen besonders durch das Abschauen und Nachahmen ihrer Bezugspersonen schneller und effektiver lernen. Es macht Freude zu sehen, wie die Kinder es lieben, mit den Klanghölzern die unterschiedlichsten Klänge und Rhythmen zu erzeugen, und wie erfinderisch sie damit umgehen. Oft strecken sie schon ungeduldig die Händchen nach den zwei Holzstäben aus und man kann nicht schnell genug verteilen. Selbst die Größeren in den anderen Gruppen wünschen sich das manchmal und haben viel Spaß dabei.

Klangholzgedicht

Hinweis: Anweisungen und Erläuterungen sowie Aktion mit den Klanghölzern sind kursiv und in Klammern gesetzt.
(Jedes Kind bekommt zwei Klanghölzer. Sie werden den Kleinen behutsam in die Händchen gelegt, sodass sie diese durch den Greifreflex festhalten. Ich zeige ihnen mit meinen eigenen Klanghölzern das Klopfen, was von manchen Kindern spontan nachgeahmt wird, während andere erstaunt und fasziniert dem Klang und der Bewegung folgen. Manchmal dauert es ein paar Wochen, bis ein Kind tatsächlich mitmacht, andere fangen sofort an, mit den Klanghölzern zu experimentieren. Natürlich wird in diesem Alter auch der Mund benutzt, um das Klangholz kennenzulernen. Dafür sind die Instrumente aber geeignet. - Zu Beginn werden beide Klanghölzer hinter dem Rücken versteckt.)
So sieht ein Klangholz aus!
(Die rechte Hand mit dem ersten Klangholz wird hinter dem Rücken

hervorgeholt und das Klangholz wird in der Runde vorgezeigt)
Nummer zwei kommt auch heraus.
(Die linke Hand kommt hinter dem Rücken hervor und vollzieht das Gleiche wie die rechte. Die beiden Klanghölzer werden gerade vor dem Körper gehalten.)
Hört nur, wie sie klopfen,
(Beide Klanghölzer werden entsprechend dem Sprechrhythmus – also sechs Mal - aneinander geschlagen.)
leis, wie Regentropfen.
(Beide Klanghölzer werden entsprechend dem Sprechrhythmus nur an ihren Spitzen am Ende aneinander geschlagen. Ein leiserer Ton als zuvor entsteht.)
Aneinander reiben,
(Die Klanghölzer werden gerieben, sodass wiederum ein neues Geräusch erzeugt wird.)

sich die Zeit vertreiben.
(Die Klanghölzer werden abwechselnd in der Mitte des Klangholzes angeschlagen. Einmal ist das Klangholz der rechten Hand unten, einmal das der linken Hand. Wiederum wird auf den Sprechrhythmus geachtet.)

Hinter Deinem Rücken,
(Die Klanghölzer verschwinden beide hinter den Rücken und werden dort angeschlagen. Dieser Teil bereitet den Kindern besonders viel Freude, da sie die Klanghölzer nicht mehr sehen, aber dennoch hören können und stolz sind, wenn sie es schaffen, sie hinter ihrem Rücken aneinanderzuschlagen.)
wie die Uhren ticken.
(Die Klanghölzer erscheinen wieder und werden ganz normal benutzt, natürlich auch wieder dem Sprechrhythmus folgend.)
Trommeln gar auf deinen Bauch,
(Mit den Klanghölzern leicht auf den Bauch klopfen.)
auf den Knien geht das auch.
(Mit den Klanghölzern leicht auf beide Knie trommeln.)
Stehen still und starr vor Schreck...
(Beide Klanghölzer gerade auf die Knie stellen und still festhalten, sodass man nichts mehr hört.)
und auf einmal sind sie weg!
(Beide Klanghölzer bei dem Wort „weg" schnell hinter dem Rücken verschwinden lassen. Übergang zum Klangholz-Lied:)
Und ganz langsam und vorsichtig kommen die Klanghölzer wieder aus ihrem Versteck hervorgeschlichen – tap–tap–tap–tap–tap – und singen mit uns allen ihr Lied!

Klangholz-Lied

(Die beiden Klanghölzer werden aufrecht vor dem Körper gehalten.)
Hört wie die Klanghölzer klopfen,
(Die Klanghölzer werden im Sprechrhythmus normal aneinandergeschlagen.)
hört, wie die Klanghölzer klopfen!
(Der obige Vorgang wird wiederholt.)
Einmal hoch –
(Die Klanghölzer werden über den Kopf gehoben und dort vier Mal aufeinander geklopft.)
und einmal tief –
(Die Klanghölzer klopfen vier Mal auf den Boden.)
einmal gerade,
(Die Klanghölzer werden parallel gerade zueinander gehalten und auf der ganzen Länge angeschlagen. Das ergibt einen besonders lauten Ton.)
einmal schief.
(Die Klanghölzer werden schräg gehalten und geklopft, während auch der Oberkörper sich zu einer Seite neigt.)
Einmal dunkel
(Die Klanghölzer schlagen wie bei „gerade" mit den Längsseiten aneinander.)
und einmal hell,
(Die Klanghölzer berühren nur ihre Spitzen. Das klingt besonders leise.)
einmal langsam,
(Die Klanghölzer klopfen doppelt so langsam wie der normale Sprechrhythmus.)

einmal schnell.
(Die Klanghölzer werden in der doppelten Geschwindigkeit des Sprechrhythmus angeschlagen.)
Und dann sind sie plötzlich weg,
(Beide Klanghölzer verschwinden bei „weg" so schnell wie möglich hinter dem Rücken.)
haben sich ganz leis versteckt.
(Alle Klanghölzer sind ganz leise und keiner spricht mehr. Alle spitzen die Ohren, sodass es dann auch wirklich ganz still wird.)
Und nun schleichen die Klanghölzer alle wieder in unsere Mitte und legen sich dort schlafen. Tschüss, ihr Klanghölzer, bis zum nächsten Mal.

3.2 Vivaldi

„Als ich hörte, dass Du Vivaldi mit den Kindern machen wirst, dachte ich erst – ach, Du meine Güte. Ich habe selbst nicht so ein gutes Verhältnis zu klassischer Musik. Ich finde sie eher langweilig. Doch da sich das Projekt über das ganze Jahr erstreckte, konnte ich beobachten, dass es den Kindern Spaß machte und es leichter umzusetzen war, als ich dachte. Wenn man im Flur dann die Geigen hörte, wenn Du die CD anhattest, lauschten auch die anderen und die Musik verbreitete eine schöne Stimmung. Auch auf den Bildern der Kinder konnte ich sehen, wie viel man damit erreichen kann und wie vielfältig diese Arbeit ist. Wirklich schön. Was machst Du als nächstes Thema? Wieder Klassik?", fragt eine Erzieherin.

Nur wenige Kinder sind heute mit klassischer Musik vertraut, eine schrittweise Annäherung an diesen Musikstil ist deshalb wichtig. Als Grundlage dient Vivaldis Zyklus, eine beschreibende Instrumental- und Vokalmusik aus dem 18. Jahrhundert, bestehend aus vier Konzerten zu den Jahreszeiten. In diesem Werk, das im Jahre 1725 erstmals gedruckt erschien, ist besonders die traditionelle Tonmalerei in der musikalischen Früherziehung wichtig. Es sind vor allem die Naturphänomene, wie beispielsweise Gewitter, Sturm und Regen, die mit der Musik nachgezeichnet werden. Das Rauschen der Blätter, das Strömen des Wassers oder die Laute der Tiere sind Akteure dieser Komposition. Nicht Handlungen werden vertont, sondern Empfindungen. Daher eignen sich die vier Jahreszeiten von Vivaldi besonders gut, um die Kinder mit klassischer Musik bekanntzumachen. Alle vier Konzerte sind in dreisätziger Konzertform gehalten. Die einzelnen Teile sind nicht zu lang und trotzdem tonal recht abwechslungsreich und eingängig arrangiert.

Zunächst werden die Kinder mit dem Komponisten vertraut gemacht, dem lustigen Namen „Vivaldi" und was ein Komponist überhaupt ist und eigentlich so macht. Anhand von Bildern, die die Instrumente in einem Orchester aufzeigen, wird erklärt, was ein Orchester ist, welche Instrumente dort gespielt werden und wie unterschiedlich sie klingen und aussehen.

Die Kindern erfahren, wie schwierig es für die Musiker ist, ausgehend von den Noten des Komponisten, das vollständige Werk als Ganzes erklingen zu lassen, und welche Rolle der Dirigent dabei spielt. Den Kindern bereitet es besonders viel Freude, das Dirigieren spielerisch nachzuahmen und selbst einmal Dirigent zu sein und die übrigen Kinder zu verschiedenen musikalischen Aktionen (klatschen, Hände reiben, sich drehen, hüpfen) anzuleiten.

Wir nähern uns dem Frühling in Vivaldis Werk. Die Kinder hören die drei Sätze und erzählen, was sie in der Musik entdecken, was sie fühlen und welche Vorstellungen und Bilder sie dabei empfinden. Daraus entsteht eine bunte Frühlingsgeschichte, die zur Musik passt. Blumen wachen auf und wachsen aus der Erde, Schmetterlinge fliegen herbei und es gibt, wenn die Musik etwas unheimlicher wird, viel Regen und Aprilwetter im Frühling, mit Wind, Wolken und einem Regenbogen, wenn die Musik wieder lieblicher klingt. Die Tiere kommen aus ihrem Winterschlaf, die Vögel fangen an, Nester zu bauen, und die Kaninchen schnuppern aus ihrem Bau. Als nächstes malen die Kinder auf großen Zeichenblöcken das zur Musik, was ihnen dazu in den Sinn kommt und was sie mit dieser Musik verbinden.

Die meisten Kinder können sich mühelos auf die klassische Musik einlassen und sind gespannt auf die nächste Jahreszeit. Manche, eher jüngere Kinder, brauchen etwas Zeit, um sich einzuhören, oder finden die unbekannte Musik sogar unheimlich. Durch die Geschichten zu der entsprechenden Jahreszeit und den gemeinsamen Austausch über das, was die Kinder fühlen und denken, sind am Ende doch alle Kinder begeistert. Besonders gern tanzen oder spielen sie die Geschichten zu Vivaldis Zyklus nach. Auf diese Weise verlieren auch die Schüchternsten ihre Scheu.

Zu jeder Jahreszeit malen die Kinder ein Bild. Alle Bilder werden gesammelt und ihnen am Ende des Jahres überreicht, damit sie die Kunstwerke mit nach Hause nehmen und den Eltern von ihren Erlebnissen erzählen können.

Im ersten Teil (Der Frühling / La Primavera - Allegro / Largo e pianissimo sempre / Allegro; E-Dur) erahnen die Kinder den nahenden

Frühling. Ein Violinen-Solo gibt zum Beispiel das Vogelgezwitscher wieder, die Streicher machen die murmelnden Quellen lebendig. Mühelos kann das Gehörte in innere Bilder umgesetzt werden, zumal die Jahreszeit draußen für die Kinder erlebbar ist.

Als die kleine Ida den Frühling zum ersten Mal hört, meint sie ganz andächtig: „Oooh, das klingt wie Schmetterlinge." Petro hingegen reagiert ängstlich auf die Streicher. Er bittet mich, die Musik leiser zu stellen. Auch dann fällt es ihm schwer, sich auf die Musik einzulassen und legt seinen Kopf in meinen Arm. Es ist augenscheinlich für ihn anstrengend, die sehr emotionale Musik, die ihm fremd ist, zu verarbeiten. Er beobachtet dabei angestrengt die anderen Kinder, die sich positiv zu den sich verändernden Melodien äußern. Beim nächsten Mal rückt er zwar wieder dicht an mich heran und nimmt meine Hand, hört aber schon wesentlich ruhiger zu. Nach einer Weile sagt er: „Das ist erst schon ein Durcheinander, aber jetzt klingt es schön. Jetzt kenne ich das Lied und die vielen Instrumente. Die müssen ganz dolle üben, bis die das so spielen können." Petro gewöhnt sich langsam an das Konzert. Als ihm dies gelingt, freut er sich und kann sich auf die kommenden Stücke über Sommer, Herbst und Winter viel besser einlassen.

Hitze ist das Leitmotiv in Der Sommer/L'Estate (Allegro non molto/ Adagio/Presto; G-Moll). Die Stimmungen wechseln in diesen Stücken mehrfach und die Kinder erkennen Tauben und Finken – sogar ein Kuckuck ist zu hören. Der zweite Teil von Vivaldis „Vier Jahreszeiten" ist eine der frühesten Unwetterkompositionen, welche von den Kindern auch als unheimlich und spannend erlebt werden.

Tim, ein sehr lebendiger Junge, steht beim ersten Anhören spontan auf und beginnt sich zur Musik zu drehen. Das animiert die anderen Kinder und so entsteht ein improvisierter Sommertanz. Sogar Melina, die sich meistens im Hintergrund hält, sich wenig motivieren lässt und lieber zuschaut, bewegt sich im Schutz der Gruppe zur Musik. Sie achtet allerdings sorgfältig darauf, dass ich es nicht bemerke.
In der nächsten Woche fragt sie mich aber, ob wir wieder die CD hören. Als ich bejahe, hüpft sie fröhlich davon. In der Musikstunde selbst tanzt sie wieder mit, dieses Mal viel selbstbewusster. Das Beispiel von Melina ist kein Einzelfall. Oft brauchen Kinder mehrere Anläufe, um sich mit etwas Unbekanntem anzufreunden. Daher ist es (nicht nur in der musikalischen Frühförderung) so wichtig, Lieder oft zu wiederholen und regelmäßig die gleichen Spiele oder andere Elemente wiederkehren zu lassen.

Der Herbst/L'Autunno (Allegro/Adagio/Allegro; F-Dur) beginnt ganz klassisch mit einem Erntedankfest. Wind, aber auch die tanzenden Blätter und der rauschende Wald werden von den Kindern assoziiert.

Da die Kinder den Stil von Vivaldi nun schon kennen, provozieren mich die älteren Jungen. Als ich mit dem ersten Satz starte, mault Tim, der oft den Ton angibt und somit die allgemeine Stimmung beeinflusst: „Schon wieder der Vivaldi." Ich erhöhe die Spannung, indem ich die Rollos herunterlasse, das Licht ausschalte und die Kinder mit geschlossenen Augen zuhören lasse. Es ist mucksmäuschenstill

Frühling

Sommer

Winter

herbst

und Tim fragt, unmittelbar nachdem die drei Sätze verklungen sind, ob sie wieder Bilder malen dürfen. So entstehen schon beim zweiten Durchgang schöne Herbstbilder.

Der Winter/L'Inverno (Allegro non molto/Largo/Allegro; F-Moll) beginnt mit frostigen Winden, die Zähne klappern durch die Eiseskälte. Nach einer friedlichen Szene am häuslichen Kamin komponierte Vivaldi mit eindringlicher Lautmalung Menschen beim Eislaufen. Die Kinder hören aber auch die Vorfreude auf das Weihnachtsfest heraus, was auf ihren Bildern zu sehen ist.

Alle Kinder sind mit den klassischen Klängen vertraut und zeigen keine Scheu mehr. Sie sind stolz auf ihre vier Bilder und auch die Eltern staunen. Eine Mutter berichtet: „Neulich waren wir bei meinen Eltern zum Kaffeetrinken. Paula wurde von ihrem Opa gefragt, was sie denn so im Kindergarten machen. Sie antwortete: Vivaldi! Da staunten alle nicht schlecht. Meine Mutter hatte eine Platte von den vier Jahreszeiten. Wir hören zu Hause so etwas ja nie. Doch es war ein netter Nachmittag und Paula hat gemerkt, dass es etwas Besonderes ist, dass sie den Namen des Komponisten weiß und das Konzert kennt. Sie will ihre Bilder Oma und Opa zu Weihnachten schenken."

Besonders schön ist es zu erleben, wie sehr alle Kinder sich Stück für Stück in die klassische Musik einhören und sich zunehmend öffnen. Mit jeder „Jahreszeit" kann der Annäherungsprozess an das neue Konzert rascher ablaufen und intensiver umgesetzt werden.

3.3 Klanggeschichte mit der kleinen Grille

Mit den ältesten Kindern, die zu den Sommerferien den Kindergarten verlassen, da sie im August in die Schule kommen, wurde das Element der Klanggeschichte eingeführt. Nach den Sommerferien wird dies mit den neuen Vorschulkindern ebenfalls umgesetzt.

Bei einer Klanggeschichte geht es darum, den einzelnen Instrumenten eine Rolle innerhalb der Geschichte zu geben, deren Charakter durch den Klang des jeweiligen Instrumentes zum Ausdruck gebracht wird. So stellt beispielsweise das Glöckchen das Schaf dar, die Triangel den Vogel, die Klapper ist die Klapperschlange, die Trommel könnte der Donner sein oder das Stampfen eines Elefanten und die Rasseln symbolisieren den Regen oder den Wind. Zuerst wird jedem Instrument ein Tier zugeordnet: Die großen Cymbals sind die Kühe. Jedes Kind erhält ein Instrument und schlüpft auf diese Weise in eine Rolle. Die Herausforderung für die Kinder besteht vor allem darin, genau zu hören, wann das jeweilige Tier genannt wird, um dann mit dem Instrument in Aktion zu treten. Je nach Anzahl der anwesenden Kinder gibt es mal mehr, mal weniger Frösche, Schafe und so weiter.

Es bedarf der Geduld und mehrfacher Wiederholung, bis die Kinder den Ablauf verstanden haben und ihn musikalisch entsprechend umsetzen können. Wenn dies funktioniert, ist die Geschichte offen, um Ideen der Kinder einzubauen oder Rollen zu tauschen. So probieren die Kinder die unterschiedlichen Instrumente aus und erleben sich gleichzeitig als aktiven Teil innerhalb der Erzählung. Der Fantasie sind hier keine Grenzen gesetzt. Oft entstehen dadurch neue Wendungen und Abenteuer in der Geschichte oder es werden weitere Klangeffekte oder Aktionsteile eingebaut, bei denen alle Kinder gemeinsam mitmachen können (alle Frösche hüpfen in den Teich oder ein Bienenschwarm fliegt summend vorbei).

Die erste Klanggeschichte in dieser Reihe *Die kleine Grille sucht den Frühling* stammt aus meiner Feder und hat den Kindern viel Freude bereitet. Konzentriert haben sie die recht lange Erzählung verfolgt – ihren Einsatz wollten sie nicht verpassen! Diese erste Geschichte stelle ich hier vor, damit auch andere Pädagogen sie nutzen und anwenden können.

Die kleine Grille ist immer die Hauptperson. Ihre Erlebnisse in den weiteren Jahreszeiten werden ebenso als Klanggeschichten mit den Kindern zusammen weiterentwickelt und mit verschiedenen Instrumenten untermalt und gespielt. Jedes Mal entsteht eine Episode neu oder wird etwas abgewandelt, da es wichtig ist, die Vorstellungskraft der Kinder zu fördern. Das Erlebnis, zusammen mit dem Instrument ein unverzichtbarer Teil des Ganzen zu sein, erfüllt die Kinder mit Stolz und meistens verfliegt die Zeit besonders schnell. „Nochmal!", wünschen sich die meisten Kinder nach dem Ende der Geschichte.

Die kleine Grille

Im Mittelpunkt steht das 14 cm große Klangtier der Grille, das aus Holz geschnitzt ist und mit einem Holzstab durch Reibung ein täuschend echtes Zirpen erzeugt. Weitere Geschichten mit der kleinen Grille werden, über das Kindergartenjahr verteilt nach dem ersten Vorbild von *Die kleine Grille sucht den Frühling* mit den Kindern zusammen ausgedacht. Unterstützt durch den Einsatz von unterschiedlichen Instrumenten, die Tierlaute, abwechselnde Orte wie Meer, Wald, Wüste klanglich symbolisieren, erlebt die kleine Grille passend zur jeweiligen Jahreszeit jedes Mal neue musikalische Abenteuer. Die neuen Vorschulkinder, die nach den Sommerferien nachrücken, können ohne Schwierigkeiten mit einbezogen werden.

Klanggeschichte „Die kleine Grille sucht den Frühling"

Rolle	***Instrument***
Kleine Grille	Klangtier der Grille aus Holz
Schafe	Glöckchen oder Schellen
Frösche	Klangtier-Frösche aus Holz
Schlangen	Kastagnetten, Klappern oder Rasseln
Spechte	Klanghölzer
Vögel	Triangeln oder Zimbeln
Ochsen	Handgong oder Glocke

Der Text wird am besten mündlich vorgetragen und so lebendig wie möglich erzählt. Die kursiven Texte in Klammern sind die Handlungen für alle Kinder oder diejenigen, deren Rollen gerade in der Geschichte benannt werden. Diese Anweisungen sind nur im ersten Teil der Geschichte aufgeführt. Natürlich können andere Tiere hinzugenommen werden, je nachdem welche Instrumente im Kindergarten vorhanden sind.

Es war einmal eine kleine Grille. *(Die kleine Grille wird behutsam ausgepackt, den Kindern gezeigt und das Zirpen vorgeführt.)* Sie hatte den ganzen langen Winter in ihrer kleinen Höhle unter der Erde geschlafen. Und dann an einem Morgen, als es langsam hell wurde, gähnte sie lange, schlug erst das linke und dann das rechte Auge auf und blinzelte, bis sie endlich wach war. *(Das Gähnen, Aufschlagen der Augen und Blinzeln wird nachgeahmt, sodass die Kinder animiert werden mitzumachen und sich so direkter und leicht in die Geschichte einfühlen können und sich mit der kleinen Grille beziehungsweise mit ihrer Rolle identifizieren.)*

Noch etwas langsam stieg sie aus ihrem Bett und tapste zum Fenster. Sie öffnete die Vorhänge *(Mit den Händen pantomimisch die Vorhänge öffnen.)* und schaute auf die große Wiese. Kein Frühling weit und breit. „Wo der sich wohl versteckt hat?", fragte sich die kleine Grille. Es war noch sooo kalt. So zog sie ihre Gummistiefel an und wickelte sich den warmen Schal um den Hals. *(Stiefel und Schal pantomimisch anziehen.)* Dann hüpfte sie hinaus, um den Frühling zu suchen. *(Zirpen)*

Zuerst kam sie zu den Schafen, die auf der Wiese standen. *(Die Kinder, die die Glöckchen haben, sollten nun bei dem Wort Schafe mit ihren Glöckchen klingeln.)* „Hallo, ihr Schafe!", sagte die kleine Grille. *(Zirpen)* „Määääh, hallo kleine Grille!", begrüßten sie die Schafe *(Glöckchen klingeln.)* und klingelten mit ihren Glöckchen, die ein jedes um den Hals trug. „Habt ihr vielleicht den Frühling gesehen?", fragte die kleine Grille *(Zirpen)* die Schafe. „Nein, hier ist kein Frühling vorbeigekommen", antworteten ihr die Schafe. *(Glöckchen klingeln.)* „Aber das macht uns nichts aus, wir haben ein dickes Fell." „Ihr habt es gut", nickte die kleine Grille. *(Zirpen)* „So lasst uns zusammen Musik machen, dann wird es wärmer." „Au ja!", sagten die Schafe. Sie klingelten mit ihren Glöckchen und die Grille zirpte mit ihren Hinterbeinen und alle hatten viel Spaß! *(Glöckchen klingeln und Zirpen.)* „Auf Wiedersehen, ihr Schafe!", verabschiedete sich dann die kleine Grille. *(Zirpen)* „Määääh. Auf Wiedersehen, kleine Grille!", blökten die Schafe. *(Glöckchen klingeln.)* Und die kleine Grille hüpfte weiter, um den Frühling zu suchen.

Dann kam sie zu den Fröschen, die im Teich am Ende der großen Wiese lebten. *(Die Kinder, die die Klang*frösche haben, sollten nun bei dem Wort *Frösche mit ihren Stäben die Holzfrösche quaken lassen.)* „Hallo, ihr Frösche!", sagte die kleine Grille. *(Zirpen)* „Quaaaak, hallo kleine Grille!", grüßten die Frösche und quakten laut mit ihren aufgeblasenen Backen. *(Quaken)* „Habt ihr vielleicht den Frühling gesehen?", fragte die kleine Grille die Frösche. *(Zirpen)* „Nein, hier ist kein Frühling vorbeigekommen", antworteten die Frösche. *(Quaken)* „Vielleicht ist der Frühling in euren Teich gefallen", vermutete die kleine Grille. *(Zirpen)* Da tauchten alle Frösche unter und tief hinab und suchten im ganzen Teich, ganz unten und ganz hinten und unter den Steinen und bei den Seerosen, aber da war kein Frühling weit und breit. *(Alle ahmen Schwimmbewegungen mit ihren Armen nach.)* „Nichts zu finden", berichteten die Frösche. *(Quaken)* „Schade", nickte die kleine Grille. „So lasst uns zusammen Musik machen, dann wird es wärmer." *(Zirpen)* „Au ja!", sagten die Frösche. Sie quakten im Konzert, was das Zeug hielt, und die Grille zirpte mit ihren Hinterbeinen und alle hatten viel Spaß! *(Quaken und Zirpen)* „Auf Wiedersehen, ihr Frösche!", verabschiedete sich dann die kleine Grille. *(Zirpen)* „Quaaaak. Auf Wiedersehen, kleine Grille!", riefen die Frösche. *(Quaken)* Und die kleine Grille hüpfte weiter, um den Frühling zu suchen.

Nun kam sie zu den Schlangen, die am Waldrand in einem Baumstumpf wohnten.
„Hallo, ihr Schlangen!", sagte die kleine Grille. „Ssssss, hallo kleine Grille!", begrüßten sie die Schlangen und klapperten mit ihren Rasseln, die eine jede an ihrer Schwanzspitze hatte. „Habt ihr vielleicht den Frühling gesehen?", fragte die kleine Grille die Schlangen. „Nein, hier ist kein Frühling vorbeigekommen", antworteten ihr die Schlangen. „Schade", nickte die kleine Grille. „So lasst uns zusammen Musik machen, dann wird es wärmer." „Au ja!", sagten die Schlangen. Sie klapperten mit ihren Rasseln im Takt und die Grille zirpte mit ihren Hinterbeinen und alle hatten viel Spaß! „Auf Wiedersehen, ihr Schlangen!", verabschiedete sich dann die kleine Grille. „Ssssss. Auf Wiedersehen, kleine Grille!", zischten die Schlangen. Und die kleine Grille hüpfte weiter um den Frühling zu suchen.

Im Wald kam sie zu den Spechten, die mit ihren Schnäbeln an die Rinde trommelten. „Hallo, ihr Spechte!", sagte die kleine Grille. „Tak-tak-tak-tak-tak, hallo kleine Grille!", begrüßten sie die Spechte und hämmerten an den Baumstamm. „Habt ihr vielleicht den Frühling gesehen?", fragte die kleine Grille die Spechte. „Nein, hier ist kein Frühling vorbeigekommen", antworteten ihr die Spechte. „Aber das macht uns nichts aus, wir haben eine schöne Baumhöhle." „Ihr habt es gut", nickte die kleine Grille. „So lasst uns zusammen Musik machen, dann wird es wärmer." „Au ja!", sagten die Spechte. Sie trommelten mit ihren Schnäbeln auf die Äste und die Grille zirpte mit ihren Hinterbeinen und alle hatten viel Spaß! „Auf Wiedersehen, ihr Spechte!", verabschiedete sich dann die kleine Grille. „Tak-tak-tak-tak-tak. Auf Wiedersehen, kleine Grille!", lachten die Spechte. Und die kleine Grille hüpfte weiter um den Frühling zu suchen.

Sie kletterte höher den Baum hinauf und kam zu den Singvögeln, die fröhlich herumflatterten. „Hallo, ihr Vögelchen!", sagte die kleine Grille. „Piep-piep-piep, hallo kleine Grille!", begrüßten sie die Vögel und zwitscherten. „Habt ihr vielleicht den Frühling gesehen?", fragte die kleine Grille die Vögel. „Nein, hier ist kein Frühling vorbeigekommen", antworteten ihr die Vögel. „Vielleicht ist der Frühling noch hinter den Wolken versteckt", vermutete die kleine Grille. Da flogen die Singvögel hoch hinauf bis hinter die Wolken und suchten, aber da war kein Frühling weit und breit. „Nichts zu finden", berichteten die Vögel. „Schade", nickte die kleine Grille. „So lasst uns zusammen Musik machen, dann wird es wärmer." „Au ja!", sagten die Vögel. Sie sangen und tirilierten und die Grille zirpte mit ihren Hinterbeinen und alle hatten viel Spaß! „Auf Wiedersehen, ihr Vögelchen!", verabschiedete sich dann die kleine Grille. „Piep-piep-piep. Auf Wiedersehen, kleine Grille!", zwitscherten die Vögel. Und die kleine Grille hüpfte weiter, um den Frühling zu suchen.

Es war schon Nachmittag geworden und noch immer hatte sie den Frühling nicht gefunden. Auf ihrem Heimweg sah sie den dicken Ochsen auf der Wiese stehen, der mit großem Hunger das Gras fraß und mit der schweren Glocke um seinen Hals läutete. „Hallo, Ochse!", sagte die kleine Grille. „Muuuuh, hallo kleine Grille!", begrüßte sie der Ochse und bimmelte dazu mit seiner Glocke. „Hast du vielleicht den Frühling gesehen?", fragte die kleine Grille den dicken Ochsen. „Nein, hier ist kein Frühling vorbeigekommen", antwortete ihr der Ochse. „Vielleicht hast du ihn ja aufgefressen, so einen Hunger wie du hast", vermutete die kleine Grille. „Aber nein. Ich fresse doch keinen Frühling auf." Der Ochse schüttelte den Kopf. „Ja", nickte die kleine Grille. „So lass uns zusammen Musik machen, dann wird es wärmer." „Au ja!", sagte der Ochse. Er läutete mit seiner lauten Glocke und die Grille zirpte mit ihren Hinterbeinen und beide hatten viel Spaß! „Auf Wiedersehen, Ochse!", verabschiedete sich dann die kleine Grille. „Muuuuuh. Auf Wiedersehen, kleine Grille!", sagte der Ochse. Und die kleine Grille hüpfte jetzt schnellstens nach Hause, denn nun war der Abend gekommen.

Müde und traurig schloss sie die Tür, zog ihre Gummistiefel aus und hängte den Schal an den Haken. „Wo war nur der Frühling geblieben?", fragte sich die kleine Grille, während sie in ihr Bettchen schlüpfte. Schnell fielen ihr die Augen zu und sie träumte von den Schafen, den Fröschen, den Schlangen, den Spechten und Singvögeln und vom dicken Ochsen. *(Alle genannten Tiere spielen nacheinander ihre Instrumente.)* Aber leider nicht vom Frühling.

Am nächsten Morgen kitzelte sie etwas an der Nase. „Haaaatschi!" Da musste die kleine Grille kräftig niesen und wachte auf. Irgendetwas war anders als gestern. Sie stieg aus dem Bett und tapste zum Fenster. Sie öffnete die Vorhänge und schaute auf die große Wiese. Ja, was war denn das?! Es war ganz hell und sonnig draußen, bunte Blumen öffneten sich auf der Wiese und Schmetterlinge flatterten durch die Luft. Es duftete sanft und die warme Sonne kitzelte die kleine Grille an der Nase. „Haaaatschi!" Das musste doch... das ist doch... „JA! JUHU!", jubilierte die kleine Grille. „Der Frühling ist da! Der Frühling ist da!" Sie hüpfte auf die große, grüne Wiese und alle Tiere kamen zum Frühlingsfest. Die Schafe, die Frösche, die Schlangen, die Spechte, die Singvögel und der dicke Ochse. Alle feierten und sangen und musizierten zusammen. Das war ein wunderschönes Frühlingskonzert! *(Alle Tiere spielen gemeinsam ihre Instrumente.)* Und die kleine Grille war glücklich. *(Zirpen)*

„Hast Du die kleine Grille mit?", fragten die Kinder beinahe jeden Morgen. Die Grille als Identifikationsfigur ist ein wunderbares Mittel, um die Kinder emotional zu erreichen. Sie werden direkt konzentrierter und stiller während des Erzählens und tauchen tief in die Geschichte ein.

Linus (4 J.)

„Die Grille macht Musik mit ihren Beinen. So!" Er zeigt mit seinem Arm, wie die Grille ihr Bein reibt. „Wie ein Geiger. Der braucht da aber extra eine Geige dafür. So!" Linus zeigt pantomimisch, wie ein Geiger den Bogen führt. „Die Tiere können das ohne Instrument. Ich war heute ein Specht! Und singen kann ich auch. Da brauche ich nur den Mund und viel Luft. Lalala!" Linus verlässt singend den Musikraum.

3.4 Eltern-Kind-Aktion

In regelmäßigen Abständen werden Eltern, Großeltern und Geschwisterkinder zu Eltern-Kind-Aktionen (45 Minuten) am Nachmittag eingeladen. Informationen mit Liste hängen aus, in die sich bis zu 24 Teilnehmer eintragen können. Zudem werden die Eltern per Rundmail von der Kindergartenleitung eingeladen und können sich über den Aushang anmelden.

Die Eltern lernen mich und die musikalische Frühförderung auf diese Weise besser kennen und die Kinder können zeigen, welche Lieder wir eingeübt haben und wie vielfältig einsetzbar die Instrumente sind. Das ist wichtig für die Kinder, denn sie sind stolz auf das Gelernte und freuen sich, dass sie wieder etwas Neues können. Natürlich werden alle Anwesenden bei den Liedern zum Mitmachen animiert, was immer sehr gut klappt und allen große Freude bereitet.

Ein Vater fragt: „Muss ich mitsingen? Ich kann nicht singen." Seine Tochter mischt sich ein: „Papa brummt, das ist auch Musik." Ich bejahe und lade den Vater ein mitzumachen, wie es eben geht, da es so am meisten Spaß macht. Später bekommen Vater und Tochter gemeinsam bei einer Klanggeschichte die Rolle der Kuh. Der Vater traut sich während des Spiels und muht laut und sehr echt. Seine Tochter lacht lauthals und ist überrascht über ihren Vater. Bei der nächsten Eltern-Kind-Aktion sind beide wieder dabei.

Besonders beliebt sind die Bewegungsspiele und Tänze, welche auch als Anregung für z. B. Kindergeburtstage gedacht sind. Außerdem lernen die Eltern die gängigsten Lieder aus den musikalischen Einheiten kennen und erzählen, dass sie nun endlich wissen, was ihre Kleinen zu Hause vor sich hin summen oder singen.

Ein weiterer positiver Anreiz ist, dass die Kinder die Eltern-Kind-Aktion als kleine Aufführung erleben und somit sehr motiviert werden. Die Gespräche mit den Eltern, die sich nach der Veranstaltung ergeben, sind für alle Beteiligten wichtig und hilfreich, um Besonderheiten von Kindern zu verstehen und zu berücksichtigen.

Eine Mutter meint beispielsweise: „Ich habe Moritz heute ganz anders erlebt. Er hat mir ganz genau gezeigt, wie man die Triangel hält und anschlägt und wie man mit den Klanghölzern leise, mittel und laut spielen kann. Er war ganz aufgeregt, dass er mir auch einmal etwas erklären konnte. Nur singen will er nicht. Aber er hat ein gutes Gefühl für Rhythmus. Da ist sein ganzer Körper beteiligt. Es hat uns beiden viel Freude gemacht. Vielen Dank.“ Nicht zuletzt gewinnt man dadurch auch neue Mitglieder für den Förderverein, der meine musikalische Arbeit in diesem Kindergarten in Zukunft voll finanzieren soll.

Jeder Mensch schon als Kind soll als ein notwendiges wesentliches Glied der Menschheit erkannt, anerkannt und gepflegt werden, und so sollen die Eltern sich als Pfleger Gott, dem Kinde und der Menschheit verantwortlich fühlen und erkennen.

(Friedrich Fröbel: *Kommt, lasst uns unsern Kindern leben!, Bd. II, S. 22)*

4 Das Sommerfest

Das Sommerfest am 22.08.2015 war ein besonderes Ereignis und für den ganzen Kindergarten – Erzieher, Eltern und Kinder – ein gelungener Tag. Dafür hatten die Kinder sehr intensiv geübt. Über die Hälfte der Eltern kam, auch jüngere und ältere Geschwister, Großeltern und andere Verwandte erschienen zum Fest. Die musikalische Darbietung fand eine Stunde nach Beginn des Sommerfestes statt. Eigens dafür lernten die Kinder zwei Lieder. Dafür hatten sie mit Unterstützung der Erzieherinnen zwei verschiedene Rasseln gebastelt: die 3- und 4-Jährigen Schmetterlingsrasseln für den Schmetterlingstanz und die 5- und 6-Jährigen Froschrasseln für das Froschkonzert. So benutzte jedes Kind seine eigene Rassel, die nach dem Fest auch mit nach Hause genommen werden konnte. Einige Kinder waren passend zu ihren Liedern und Rasseln geschminkt. Eingerahmt wurde die Aufführung von einem Begrüßungs- und Abschlusslied, bei dem auch die Eltern und alle Gäste zum Mitmachen eingeladen wurden.
Da sich alle auf das Sommerfest freuten, war es nicht schwer, die Kinder zu motivieren. Eine Erzieherin, die mit den Kindern im Bastelraum die Rasseln hergestellt hatte, erzählte, dass manche Kinder sogar zwei Rasseln wollten. Dies wurde natürlich ermöglicht. Die Kinder sollten soviel wie möglich selbst basteln. So fielen die Rasseln optisch sehr unterschiedlich aus, waren aber alle als Schmetterling bzw. Frosch gut erkennbar. Sie waren mit Namen gekennzeichnet, sodass jedes Kind tatsächlich seine eigene Rassel benutzte.

Die Vorstellung bestand aus 4 Liedern:

Das Begrüßungslied „Halli, Hallo“

Das Begrüßungslied „Halli, Hallo“, welches immer zu Beginn einer musikalischen Früherziehungs-Einheit mit den Kindern gesungen wird, macht den Anfang. Es wird fünf Mal hintereinander gesungen. Beim ersten Durchgang werden die Bewegungen für Vorhang öffnen (Hände öffnend auseinander bewegen), klein (Hände auf den Boden) und groß (Hände nach oben strecken) gezeigt werden. Beim zweiten Durchgang singen alle so leise, wie sie können, beim dritten Mal alle ganz laut, das vierte Mal wird besonders langsam gesungen und der letzte Vers sehr schnell, was allen besonderen Spaß bereitet und dann in allgemeines Gelächter mündet. Eine Mutter meint dazu: „Super! Jetzt weiß ich endlich, was ich beim Kindergeburtstag singen kann. Das ist so einfach und hübsch mit den Bewegungen, das kann sogar ich.“ Die Tochter antwortet ihrer Mutter: „Ich helfe Dir ja auch dabei, Mami!“

Der Schmetterlingstanz mit den 3- und 4-Jährigen

Bei der ersten Strophe sitzen alle Kinder auf ihrem Platz im Kreis und flattern mit den Händen und rasseln mit den selbstgebastelten Schmetterlingsrasseln. Bei der zweiten Strophe stehen alle Kinder auf, drehen sich im Kreis und rasseln dabei mit ihren Schmetterlingsrasseln. Bei der dritten Strophe legen sich alle Kinder hin und es ist ganz still. Dann wird die erste Strophe wiederholt und die Kinder setzen sich auf und heben die Schmetterlingsrasseln in die Luft und singen und rasseln.

Dazu wurde eine Rassel aus einer Toilettenpapierrolle gebastelt, als Schmetterling bemalt und beklebt und mit Hirse gefüllt. Besonders von den anwesenden Großeltern kam hier eine positive Rückmeldung: Es sehe reizend aus, wenn sich die Kleinen mit den Schmetterlingsrasseln im Kreise drehten. Die Einfachheit darin lässt die Kinder ganz unbeschwert das Lied umsetzen. Auch nach dem Sommerfest wünschten sie sich in den Musikstunden fast jedes Mal wieder den Schmetterlingstanz.

Das Froschkonzert mit den 5- und 6-Jährigen

Alle Froschkinder sitzen im Schneidersitz auf dem Boden, singen und rasseln mit ihren Froschrasseln, die nach dem gleichen Prinzip wie die Schmetterlingsrasseln gebastelt werden, nur mit Linsen gefüllt, damit sie anders klingen. Bei der zweiten Strophe hüpfen die Froschkinder und rasseln dabei. Bei der dritten Strophe werden die Rasseln in den Schoß gelegt und Applaus geklatscht und beim Refrain wieder eine Zugabe gerasselt und gleichzeitig dabei gehüpft. Die Eltern sollen während des Refrains kräftig mitquaken, was zuvor eingeübt wird (Frauen – hoch quaken / Männer – tief quaken).

Ein Vater meint: „Mein Sohn will, seit er bei Ihnen dieses Lied singt, zu Karneval unbedingt Frosch werden. Könnten Sie mir die Bastelanleitung für die Froschrassel geben? Es ist schön, ihn so munter zu erleben. Seit dem Umzug nach Hürth war er lange etwas verschlossener. Er erzählt seit Wochen von dem Froschkonzert. Es hat ihm geholfen, sich auf den Tag heute so zu freuen. Meine Frau und ich sind ja ganz unmusikalisch, aber wenn wir zusammen diese Rassel basteln können, wäre das toll." Abschließend singen alle gemeinsam ein Abschiedslied.

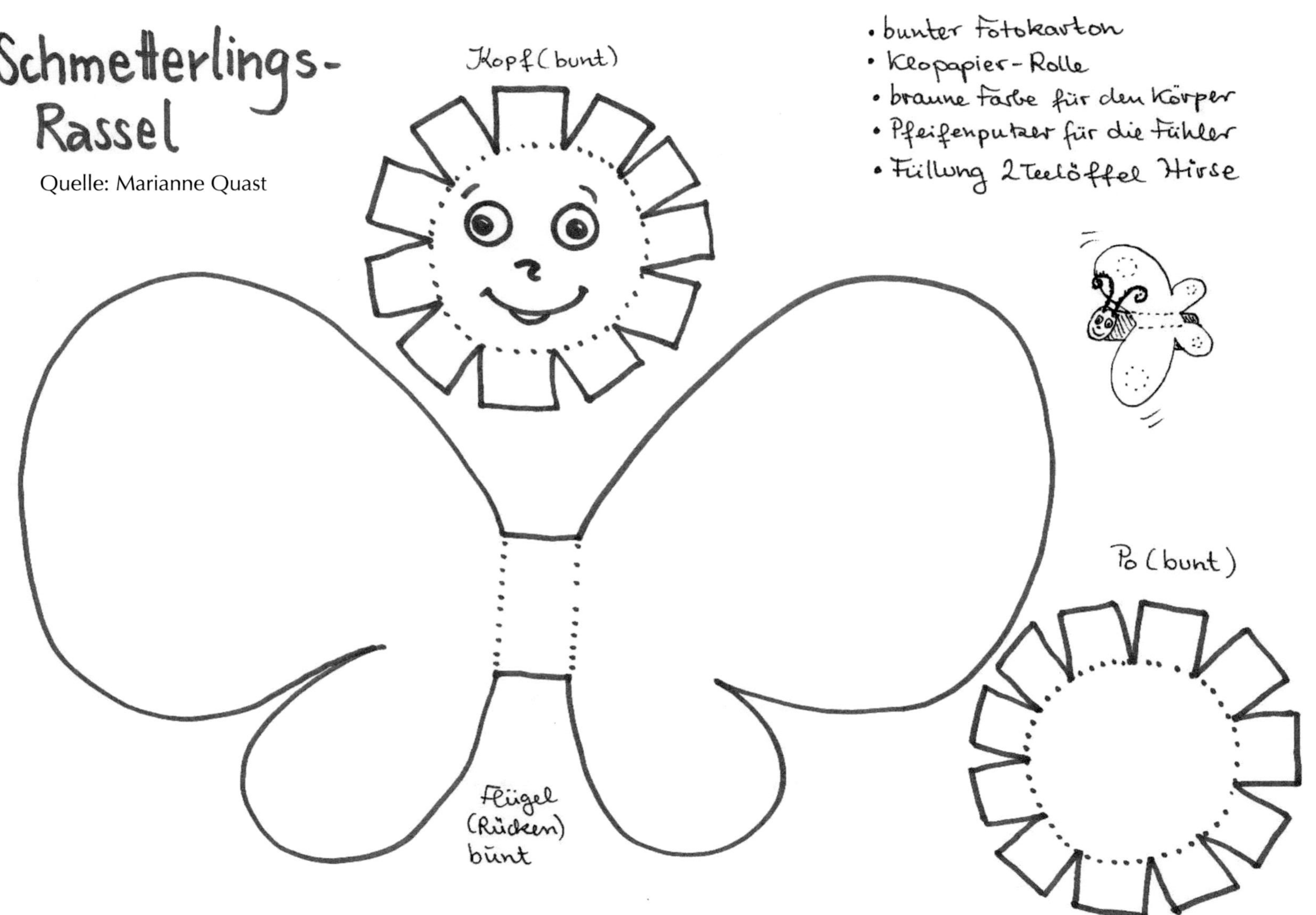

Quelle: Marianne Quast

5 Abschluss und Ausblick

Die Monate sind sehr schnell vergangen und brachten den Kindern einen vielfältigen Zugewinn. Stille Kinder lernten, offener und selbstbewußter zu werden, temperamentvolle Kinder lernten, achtsamer hinzuhören – ohne Druck, allein durch die Musik. Die Rückmeldungen der Eltern und der Kindergartenleitung sind positiv und ich freue mich auf das weitere Jahr mit neuen Schwerpunkten und frischen Ideen. Bei den Kleinen sind die Fortschritte klar zu erkennen und auch sehr zurückhaltende Kinder, die gerade in der Eingewöhnungszeit sind, lassen sich zunehmend integrieren. Das Medium der Musik eignet sich bestens, das Selbstwertgefühl zu steigern und sicherer im eigenen Ausdruck zu werden.

Es ist schön, dass die musikalische Frühförderung ein fester Bestandteil im FRÖBEL-Kindergarten „Flinke Forscher" in Hürth ist. Ich bedanke mich für die Unterstützung und die offene Haltung aller Erzieher. Ohne diese wechselseitige Sympathie und das gemeinsame Ziel, die Kinder bestens zu fördern, wäre eine solche Arbeit nur schwer möglich. Auch der eigens für die musikalische Frühförderung eingerichtete Raum mit vielen elementaren Rhythmusinstrumente, einer vorhandenen Gitarre und einem E-Piano ist ein besonderer Gewinn. Es macht viel Freude, dort zu arbeiten!

Leider hat sich aus den Einnahmen der Elternschaft, die in den FRÖBEL-Förderverein einzahlen, ab 2016 nur eine Summe von 250,-€ monatlich ergeben. Mehr Mittel stehen daher nicht zur Verfügung, da immer weniger Eltern den Beitrag zahlen können. Doch besonders für die neuen Kinder, die gerade eingewöhnt wurden, und auch die Kinder, die nach den Sommerferien im neuen Jahr wieder dazukommen, ist es wichtig, dass weiter wöchentlich die musikalische Frühförderung durchgeführt werden kann.

Das Sprachvermögen der Kinder entwickelt sich und sie lernen, ihre Empfindungen und Wahrnehmungen kreativ und recht genau zu beschreiben. Die gemeinsamen Aktivitäten in den Musikstunden helfen ihnen, die anfängliche Scheu zu überwinden, und sie stärken das Selbstbewusstsein jedes einzelnen Kindes.

Jonathan

Jonathan soll an dieser Stelle beispielhaft genannt werden. Ich lernte ihn als 2-Jährigen im Nestbereich des Kindergartens kennen. Er wirkte zunächst eher unbeteiligt, wenn wir sangen und musizierten. Nur zögernd nahm er überhaupt ein Instrument an und hielt es dann nur still in der Hand. Doch mit jedem Mal wurde er wacher und aufmerksamer. Immer wenn ich versuchte, ihn zu motivieren, mit der Rassel auch zu rasseln oder beim Mäusetanz aufzustehen und mitzumachen, wich er zurück und wollte nicht. Trotzdem fand er, wenn man ihn nicht drängte, mit der Zeit und auf seine eigene Art und Weise immer mehr Zugang zu den Liedern, zu den Instrumenten und zu den Bewegungsspielen. Schließlich wechselte er in den Bereich des Kindergartens der über 3-Jährigen und kam in eine der Fördergruppen, die im Musikraum stattfinden. Bei einem Begrüßungsspiel, bei dem die Triangel von Kind zu Kind wandert, jedes Kind seinen Namen sagt und dazu die Triangel anschlägt, nahm auch Jonathan, als sei es das Einfachste und Selbstverständlichste der Welt, wie die anderen Kinder vor ihm die Triangel, ließ einen kräftigen Ton erklingen und sagte laut und deutlich: „Joni". Seit diesem Moment ist die zurückgenommene Art von ihm Vergangenheit und er nimmt heute ganz normal an den musikalischen Einheiten teil, manchmal sogar etwas vorlaut, wenn es nicht ganz nach seinem Kopf geht.

Mit dieser Begebenheit möchte ich verdeutlichen, wie viele kleine Momente es gibt, die mir zeigen, wie jedes Kind ganz in seiner eigenen Geschwindigkeit lernt und sich entwickelt und sich aus dem musikalischen Angebot das heraussucht, was es gerade am meisten braucht. Daher empfinden es alle als ein großes Glück, dass nun ab Januar weitere Fördermittel seitens der Stiftung bewilligt wurden. Dafür sehr herzlichen Dank!

Zudem ist der FRÖBEL-Kindergarten „Flinke Forscher" offen dafür, wenn Frau Annekathrin Vietense (Flötistin, Studentin der Erziehungswissenschaften und Literatur) 2016 von mir in Theorie und Praxis der musikalischen Frühförderung eingeführt und für diese qualifiziert wird. Die Räumlichkeiten und die Struktur der Einrichtung bieten sich dafür an. Somit blicke ich sehr zuversichtlich auf ein weiteres musikalisches Jahr mit den kleinen „Flinken Forschern".

Jeder Mensch soll seinem ewigen unsterblichen Wesen, seiner Seele, seinem Geiste nach als das erscheinende und erschienene Göttliche in menschlicher Gestalt erkannt und gepflegt werden, als ein Unterpfand der Liebe, der Nähe, der Gnade Gottes, als eine Gottesgabe, wie auch die ersten Christen ihre Kinder wirklich erkannten, was die Namen bezeugen, welche sie ihnen gaben.

(Friedrich Fröbel: *Kommt, lasst uns unsern Kindern leben!, Bd. II, S. 22)*

Literatur- und Quellenverzeichnis

Fröbel, Friedrich: *Kommt, lasst uns unsern Kindern leben!*, Bd. I, eingeleitet von Rosemarie Boldt, Erika Knechtel, Helmut König, Volk und Wissen, Berlin 1982.

Fröbel, Friedrich: *Kommt, lasst uns unsern Kindern leben!*, Bd. II, eingeleitet von Rosemarie Boldt, Erika Knechtel, Helmut König, Volk und Wissen, Berlin 1982.

Kreusch-Jacob, Dorothée: *Musik macht klug: Wie Kinder die Welt der Musik entdecken,* Kösel-Verlag, München 1999.

Menuhin, Yehudi: *Kunst als Hoffnung für die Menschheit. Reden und Schriften.* Atlantis Musikbuch, Zürich 1997.

Menuhin, Yehudi: *Unvollendete Reise. Lebenserinnerungen,* Piper Verlag, München 1990.

Mönig, Marc: *Die Pädagogik der Yamaha-Musikschulen. Darstellung, Hintergründe und Kritik.* Bd. 65 Berliner Schriften, Wißner Verlag, Augsburg 2005.

Orff, Carl: *Schulwerk – Elementare Musik.* In: *Carl Orff und sein Werk. Dokumentation,* Bd. III, Hans Schneider Verl., Tutzing 1976.

Schmetterlingsrassel (Quelle: Marianne Quast)

Biographisches

Marianne Quast geboren am 28. Oktober 1971 in Heidelberg.

Ausbildung

1992	Ausbildung zur Sozialpädagogin, katholische Fachschule für Jugend- und Heimerziehung, Heidelberg
2008 – 2009	Zusatzqualifikation in musikalischer Frühförderung (speziell für Kindergartenkinder) und Lizenz zur Mukifo-Leiterin bei MUKIFO/Hamburg

Freiberufliche Tätigkeiten

1992 – 2001	Bezirksjugendwerk in Heidelberg für kreative Kinderaktionen
seit 1992	Gitarrenlehrerin für Rhythmusgitarre
1998 – 2004	Leitung von Familienkursen im Institut für Personale Pädagogik (Tromm, Odenwald)
seit 2000	Kinderbuchillustratorin und Autorin
seit 2009	Lehrerin für Elementarpädagogik im Bereich Musikalische Frühförderung, derzeit selbstständig tätig in acht Kindergärten im Großraum Köln mit Einarbeitung von zwei Musikpädagoginnen.

EINE STIFTUNG zur Erneuerung geistiger Werte

Die Dr.-Ing.-Hans-Joachim-Lenz-Stiftung wurde 2002 als rechtsfähige öffentliche Stiftung des bürgerlichen Rechts mit Sitz in Mainz gegründet. Sie verfolgt ausschließlich und unmittelbar gemeinnützige Zwecke.

Im Wege der finanziellen Unterstützung fördert sie innovative und modellhafte Projekte auf den Gebieten der Bildung und Erziehung mit dem Ziel der Erneuerung geistiger Werte. Als Impulsgeber und Motor für dauerhafte und nachhaltige Konzepte konzentriert sie sich auf die junge Generation. Jugendliche für das Leben zu befähigen, an Werte des Geistes, an Würde, Freiheit und Toleranz zu erinnern, ist ihre höchste Aufgabe. Sie will Menschen begleiten vom Kindesalter bis zur Berufsreife, ohne soziale, politische, religiöse Unterscheidung im Sinne des Grundgesetzes. Die Themen der Stiftung sind:

Bildung

Hebung des kulturellen Niveaus
Erweiterung des allgemeinen Wissens
Zusammenführung von Geistes- und Naturwissenschaften
Persönlichkeitsentfaltung
Erneuerung eines humanistischen Menschenbildes

Erziehung

Entwicklung und Erprobung neuer Lehr- und Lernmethoden durch
- Spielendes Lernen
- Lernen durch Vorbild
- Wissenserwerb statt Wissensvermittlung

Sprache

Erhaltung und Stärkung der deutschen Sprache
Erweiterung und Pflege des Wortschatzes
Sprachliche Ausdrucksformen in Literatur und Poesie
Persönlichkeitsentfaltung durch Sprache, denn:

Mit unserer Sprache sind wir ein Leben lang unterwegs.

Die Förderung von Projekten im Sinne der Stiftungsziele wird aus Spendenmitteln finanziert. Die Akzeptanz der Stiftungsziele und des Förderprogramms drücken Spender mit ihren finanziellen Beiträgen aus. Wir freuen uns über jede Zuwendung:

Mainzer Volksbank IBAN DE29 5519 0000 0004 0040 40, BIC MVBMDE55

DR.-ING.-HANS-JOACHIM-LENZ-STIFTUNG
STIFTUNG ZUR ERNEUERUNG GEISTIGER WERTE

Am Michelsberg 1, D-55131 Mainz, Tel. 06131-832255, Fax 06131-85534
E-Mail: info@lenz-stiftung-mainz.de, www.lenz-stiftung-mainz.de

EDITION

ERNEUERUNG GEISTIGER WERTE

Dr.-Ing.-Hans-Joachim-Lenz-Stiftung

In der Edition werden Forschungsergebnisse und Modellprojekte aus dem Förderprogramm der Dr.-Ing.-Hans-Joachim-Lenz-Stiftung im Sinne der Nachhaltigkeit und Gemeinnützigkeit publiziert.

Band 1 - Die heilige Stadt
Eine Vision am Beispiel der Stadt Mainz
von Hans-Joachim Lenz,
56 Seiten, broschiert, € 8,80
ISBN 978-3-938088-00-5

Band 2 - Am Anfang waren die Werte
Plädoyer für eine Neuorientierung in der Erziehung von Kindern und Jugendlichen
von Gabriela Wolf
132 Seiten, broschiert, € 13,80
ISBN 978-3-938088-01-2

Band 3 - Leben ist Spiel
Eine Ferienwoche als Lebensschule
von Gabriela Wolf mit Christine Bredenhöller, Andrea Heck, Angelika Humann, Margit Kluge, Reinhild Michel, Sonja Wagener, Heidi Wiehr, reich bebildert.
192 Seiten, broschiert, € 25,00
ISBN 978-3-938088-02-9

Band 5 - Freunde fürs Leben
Die Körperwelt im Spiel erkunden
Hrsg. Andreas Krause mit
A. Heck, A. Humann, G. Wolf
180 Seiten, broschiert, € 15,80
ISBN 978-3-938088-05-0

Band 7 - Das vergessene Wort I
Vom Reichtum der deutschen Sprache
am Ludwig-Georgs-Gymnasium, Darmstadt, und am Dietrich-Bonhoeffer-Gymnasium, Weinheim, mit der Arbeitsgruppe Oppenheim
von Katrin Bibiella
291 Seiten, broschiert, € 24,80
ISBN-978-3-938088-07-4

Band 10 - Ehrfurcht vor dem Leben
Albert Schweitzer zur Erneuerung der Kultur
von Claudia Burghart
140 Seiten, broschiert, € 12,80
ISBN 978-3-938088-12-8

Band 11A - Jugend lehrt Jugend
Ein pädagogisches Modellprojekt in Bad Kreuznach
von Sonja Wagener
Teil I: 101 S., brosch.,€ 8,80
ISBN 978-3-938088-11-1
Teil II: 113 S., brosch.,€ 9,80
ISBN 978-3-938088-13-5
Teil III: 99 S., brosch.,€ 8,80
ISBN 978-3-938088-20-3

Band 11B - Jugend lehrt Jugend
Ein pädagogisches Modellprojekt in Overath
von Petra Ehrler
Teil I: 105 S., brosch.,€ 9,20
ISBN 978-3-938088-10-4
Teil II: 167 S., brosch.,€14,20
ISBN 978-3-938088-14-2
Teil III: 115 S., brosch.,€ 9,80
ISBN 978-3-938088-23-4

Band 12 - Das vergessene Wort II
Vom Reichtum der deutschen Sprache
am Friedrich-Schiller-Gymnasium, Weimar und am Friedrich-Hölderlin-Gymnasium, Heidelberg
von Katrin Bibiella
166 Seiten, broschiert, € 14,20
ISBN 978-3-938088-08-1

Band 13 - De Dignitate Hominis
Zum Menschenbild in der Geschichte der Pädagogik
von Gabriela Wolf
160 Seiten, broschiert, € 13,80
ISBN 978-3-938088-09-8

Band 14 - Handeln als gelebter Wert
Aus Hannah Arendts Leben und Werk
von Patricia Rehm
146 Seiten, broschiert, € 12,80
ISBN 978-3-938088-15-9

Band 15 - KulturForumWissen 2007
„Wir sind auf dem Weg."
Ein Menschenbild zwischen Geist und Materie
von Hans-Joachim Lenz
52 Seiten, broschiert, € 5,80
ISBN 978-3-938088-16-6

Band 16 - Das vergessene Wort III
Vom Reichtum der deutschen Sprache
am Kronberg-Gymnasium, Aschaffenburg
von Katrin Bibiella
103 Seiten, broschiert, € 9,20
ISBN 978-3-938088-17-3

Band 18 - Das Tagebuch
Ein Medium zur Selbstreflexion
von Sabine Gruber
122 Seiten, broschiert, € 10,80
ISBN 978-3-938088-19-7

Band 19 - Leben ist Spiel II
Eine Ferienwoche als Lebensschule in Overath
von Petra Ehrler u. a., reich bebildert
158 Seiten, broschiert, € 14,90
ISBN 978-3-938088-21-0

Band 20 - KulturForumWissen 2008
Vergessene Werte – Von den Wurzeln der Kultur
239 Seiten, broschiert, € 22,90
ISBN 978-3-938088-22-7

Band 21 - KulturForumWissen 2009
Liebe – das All-Eine
173 Seiten, broschiert, € 16,80
ISBN 978-3-938088-24-1

Band 22 - Das vergessene Wort IV
Vom Reichtum der deutschen Sprache
am Elisabeth-Gymnasium, Marburg, und
an der Freien Waldorfschule, Marburg
von Katrin Bibiella mit Angelika Humann
127 Seiten, broschiert, € 11,80
ISBN 978-3-938088-25-8

Band 23 - Das Hohelied vom Menschen
Eugen Finks Deutung der menschlichen Existenz
von Angelika Humann
85 Seiten, broschiert, € 8,80
ISBN 978-3-938088-26-5

Band 24 - KulturForumWissen 2010
Menschen, die die Welt bewegten
167 Seiten, broschiert, € 16,80
ISBN 978-3-938088-27-2

Band 25 - Musikalischer Spielraum
Frühbildung mit Wort, Klang und Bewegung
von Melanie Ries und Petra Ehrler
76 Seiten, broschiert, € 12,90
ISBN 978-3-938088-28-9

Band 26 - KulturForumWissen 2011
Menschen, die die Welt bewegten
181 Seiten, broschiert, € 18,80
ISBN 978-3-938088-29-6

Band 27 - Das vergessene Wort V
Vom Reichtum der deutschen Sprache
am Kaiserin-Friedrich-Gymnasium, Bad Homburg
von Katrin Bibiella mit Angelika Humann
142 Seiten, broschiert, € 14,90
ISBN 978-3-938088-30-2

Band 28 - Des Wortes sanfte Macht
Salongespräche
von Ariane Martin
122 Seiten, broschiert, € 13,80
ISBN 978-3-938088-31-9

Band 29 - Das vergessene Wort VI
Vom Reichtum der deutschen Sprache
am Pädagogium Bad Sachsa
von Katrin Bibiella
98 Seiten, broschiert, € 11,90
ISBN 978-3-938088-32-6

Band 30 - Das vergessene Wort VII
Vom Reichtum der deutschen Sprache
am Ratsgymnasium Minden
von Angelika Humann
105 Seiten, broschiert, € 10,90
ISBN 978-3-938088-33-3

Band 31 - KulturForumWissen 2012
Soziale Modelle – Poesie des Lebens?
187 Seiten, broschiert, € 19,90
ISBN 978-3-938088-34-0

Band 32 - Briefe – Zeugnisse deutscher Sprachkultur
Von den Anfängen bis zur Gegenwart
von Katrin Bibiella
171 Seiten, broschiert, € 19,90
ISBN 978-3-938088-35-7

Band 33 - KulturForumWissen 2013
Menschen, die den Weg ins Ungewisse wagten
180 Seiten, broschiert, € 21,90
ISBN-13 978-3-938088-36-4

Band 34 - Mutter oder Göttin
Frühzeitliche Kultur im Osten Europas
von Jaqueline Mischer
175 Seiten, broschiert, € 17,90,
ISBN 978-3-938088-37-1

Band 35 - Das vergessene Wort in Heilbronn
Vom Reichtum der deutschen Sprache
am Robert-Mayer-Gymnasium Heilbronn
von Angelika Humann
115 Seiten, broschiert, € 12,90
ISBN 978-3-938088-38-8

Band 36 - Der Gral bei Wolfram von Eschenbach und Richard Wagner
Metamorphosen eines Motivs
von Liliana Emilia Dumitriu
244 Seiten, broschiert € 22,80
ISBN 978-3-938088-39-5

Band 37 - Das vergessene Wort in Würzburg
Vom Reichtum der deutschen Sprache
von Angelika Humann
112 Seiten, broschiert € 12,90
ISBN 978-3-938088-40-1

Band 38 - KulturForumWissen 2014
Die großen Komödianten
176 Seiten, broschiert € 18,90
ISBN 978-3-938088-41-8

Band 39 - Das vergessene Wort in Hanau
Vom Reichtum der deutschen Sprache
von Angelika Humann
108 Seiten, broschiert, € 10,90
ISBN 978-3-938088-42-5

Band 40 - KulturForumWissen 2015
Menschen, die die Welt beherrschen wollten
– eine kritische Betrachtung
156 Seiten, broschiert € 18,90
ISBN 978-3-938088-43-2

Band 41 - Das vergessene Wort in Heilbronn II
Vom Reichtum der deutschen Sprache
von Angelika Humann
100 Seiten, broschiert, € 11,90
ISBN 978-3-938088-44-9

Band 42 - Das wache Auge
Leben ist wahrnehmen
von Sonja Schmitz
56 Seiten, broschiert, € 11,50
ISBN 978-3-938088-45-6

Weitere Projekte siehe:
www.lenz-stiftung-mainz.de